Bó sa Cl

Bhí pus ar an bhó.

Dhreap sí suas ar
chrann agus dhiúltaigh
sí teacht anuas.

"Nach tú atá amaideach!
Tar anuas!" arsa Mamaí.

"Tar anuas, nó croithfidh mé
an crann."

"Múú-úú," arsa an bhó, ach
níor tháinig sí anuas.

4

"Nach tú atá amaideach!
Tar anuas!" arsa Daidí.

"Tar anuas, nó leagfaidh mé
an crann."

"Múú-úú," arsa an bhó, ach
níor tháinig sí anuas.

5

"Nach tú atá amaideach!
Tar anuas!" arsa Daideo.

"Tar anuas, nó spraeálfaidh mé
uisce ar an chrann."

"Múú-úú," arsa an bhó, ach
níor tháinig sí anuas.

6

"Nach tú atá amaideach! Tar anuas!" arsa Mamó.

"Tar anuas, nó tiomáinfidh mé isteach sa chrann."

"Múú-úú," arsa an bhó, ach níor tháinig sí anuas.

7

"Nach tú atá amaideach,"
a scairt siad as béal a chéile.

8

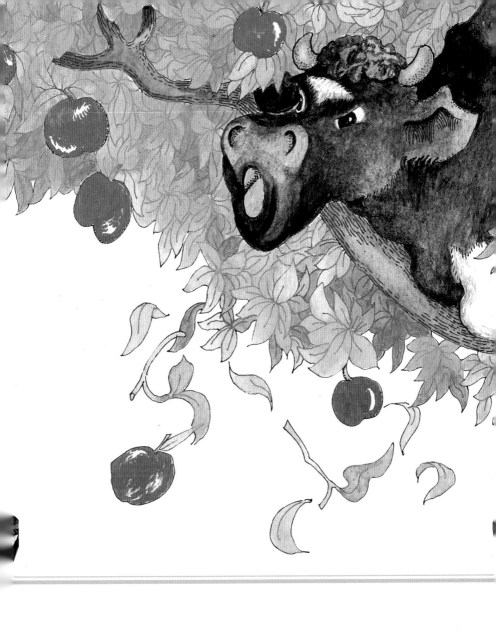

"Múú-úú," arsa an bhó, ach níor tháinig sí anuas.

9

Tháinig Ciara an bealach.
"Cad é atá cearr?" ar sise.

"Amharc ar an
bhó amaideach,"
arsa an teaghlach.
"Dhreap sí suas ar chrann
agus níor tháinig sí anuas.
Níl bainne againn don tae
anois."

Thóg Ciara roinnt cocháin.

"Nach deas an bhó thú," arsa Ciara.

"Nach tú atá maith agus cineálta agus álainn. Tar anuas, le do thoil. Tá bainne de dhíth orainn don tae."

"Múúú-úú," arsa an bhó.
Síos léi de **léim** ...

Síos léi de **ghéim** ...

Síos léi in aon **chéim**.

14

Thosaigh sí ag ithe.

"Go raibh maith agat, a bhó!"
arsa an teaghlach.

16